Sumário

Sobre o livro

Não tenho muito o que falar sobre esse livro. Não sei bem como descrevê-lo, seria talvez minha tentativa de externar parte das coisas que se passam em minha cabeça, meus devaneios ou algo assim.

São uma conversa, tudo bem que unilateral, mas ainda assim uma conversa, obrigado por ser meu ouvinte... Escrevi alguns clichês aí, algumas pessoas precisam ouvir clichês, mas tem algumas coisas com camadas mais profundas e espero que todos acessem elas também. Tudo isso é só fragmento, como digo, em alguma das partes, da qual eu já nem me recordo mais, não é nem 1% do mundo inteiro que tenho aqui dentro, mas parte a parte, mostrarei tudo que puder! Então, vamos conversar?

Parte 1 - O pássaro branco

Um dia eu sonhei com um pássaro, ele era branco, planava ao vento, com ele iam meus pensamentos. Aquele pássaro me fez sentir como se fosse um pássaro também. Por um momento eu criei uma imagem de como seriam as coisas aqui embaixo da perspectiva de um pássaro lá em cima. Me senti reprimido pela natureza, parecia que tinham negado minhas asas e eu sabia que nunca voaria com a mesma liberdade e naturalidade do pássaro branco. Eu nasci humano e não pássaro, pensei se o pássaro imaginava como seria ser como os humanos, cheguei a duas conclusões: - a primeira é que pássaro não pensa nisso, porque ele não precisa, afinal eles são pássaros; a segunda é que alguns humanos podem voar mais que os pássaros.

Parte 2 - A vela do abismo

Por vezes estamos mortos, andamos como almas penadas, sem pensar, sem qualquer pingo de racionalidade. A gente apenas sobrevive, esticamos as mãos e oramos para agarrar alguma coisa, algo firme. Não posso falar por todos, mas eu tenho um medo assustador de segurar algo e o ver desmoronar junto comigo, seria um peso difícil de carregar, prefiro pular sozinho no meu próprio abismo, melhor do que carregar alguém para isso. Certa vez me segurei em uma pessoa, um amor, que provou sua coragem e mergulhou na confusão e escuridão do meu abismo, foi fundo, fui pego por desespero, não queria vê-la se perder, então, pela primeira vez, vi meu egoísmo morrer. Ainda no escuro, achei fósforos e uma vela, graças a ela eu conseguir acender – meu abismo brilhou.

Parte 3 - Tesouros do mar

Me pego sentado em um porto vendo os barcos partir, aonde eles vão? Ventos leves formam pequenas ondas nas margens em que estão atracados os barcos, logo, eu vejo sumir ao horizonte, meus olhos começam a brilhar só de imaginar as aventuras que existem em alto-mar. Queria ser um navegador, pirata ou pescador, as águas fluindo em mim, sinto meu amor, o oceano me chama, ele me convidou. Derrubei uma árvore grande, a parti em pedaços, dei forma, ela virou meu barco, com remos belos e firmes, finalmente posso me aventurar. Parti para o mar. Com aquela brisa, aquela imensidão, acabei por me deliciar na sua magnitude, olhando as estrelas a noite, finalmente encontrei, minha amada solitude.

Parte 4 - Quem sou e os meus dias

Meu coração é fraco, assim como a minha aparência esguia e frágil. Sinto que não posso proteger nada, tudo que amo escorre pelos meus dedos, porque as outras coisas, elas são mais fortes que eu. Para que possa ir contra elas deveria ter um semblante de força, mas eu não tenho. Meus ossos quebram facilmente, meu coração também, coração feito de um material tão delicado quanto vidro e tão fino quanto uma folha de papel. Tenho apenas uma coisa forte em mim: meu orgulho. Esse não me permite desistir; mesmo tendo total ciência da minha fraqueza, sempre arrumo alguma força para aquecer meu coração de vidro até ele virar diamante, minha aura firme. As pessoas de fora admiram o que eu aparento ser, mas essa visão confiante e poderosa é uma tentativa desesperada de esticar minha perna para um próximo passo. Dentro do meu quarto a solitude aparece poucas vezes, a solidão vem com mais frequência, mas a quem eu poderia reclamar? A Deus? Se ele existir, com certeza sabe do que passo. Como eu disse sou orgulhoso, não consigo implorar piedade, abraço a solidão até o sol aparecer, assim tem sido e continuará sendo.

Parte 5 - Tudo morre, até o amor

As coisas rumam em tendência ao fim. O tempo não deveria ser usado como comprovação para nada, pois a única certeza que o tempo traz é a morte. O tempo traz a morte de tudo, não só da matéria, bactérias e células que compõem o ser, mas das suas emoções também. Tudo o que resta é o vazio e algumas recordações – tudo acaba, pessoas incríveis tornam-se cômodas, o que era surpreendente torna-se cotidiano, o amor deixa de ser um sentimento, vira uma palavra murcha que não mais expressa emoção, em certos momentos, apenas extrai recordações, que talvez nem sejam tão boas assim. Então murchamos e morremos ansiando pela vibração que percorre nosso corpo ao se sentir amado por alguém.

Parte 6 - A morte é odiada

E se um dia eu tivesse a oportunidade de papear com a morte, questioná-la sobre o que ela pensa da visão ruim que criamos dela? Amar a morte é proibido, como a senhorita morte se sente? A morte é ruim, devemos nos distanciar, devemos correr, fugir, se esconder, criar esconderijos, confortos, distrações, tudo para afastar, negar a possibilidade de abraçar a morte. Pobre Senhorita Morte, nem imagino como deve ser difícil ser você. E se existem os que a procuram, é com a intenção de usá-la para fuga, querem que ela seja a solução definitiva dos seus problemas. Ninguém pergunta se você está bem, né? A vida foi privilegiada com a graça e a felicidade de todos, seus sorrisos, as possibilidades infinitas de alegrias, mas eu sei a verdade, você não precisa chorar Senhorita Morte, você oferece infinitas possibilidades de renascer em múltiplas coisas. Eu não a temo, não tenho medo, não correrei, não me esconderei, eu amo você, mas também amo a vida. Nesse momento estou com ela, aproveitando as milhares de possibilidades aqui, mas um dia, nosso amor destinado florescerá, meus olhos irão se fechar, nesse momento iremos nos fundir, eu serei parte de tudo, em partícula, em célula e energia, estarei contigo em tudo, sendo vida e sendo morte, porque amo ambas.

Parte 7 - Explorador do mundo

Me encontro em alguns momentos vislumbrando o desejo literal de algo novo. Meu relacionamento com o mundo, o desejo de ter ele na palma da minha mão, na frente dos meus olhos, usaria tudo, meus pés, bicicletas, carros, ônibus e aviões, qualquer coisa que me leve a algum lugar que eu nunca estive. São tantas pessoas, tantos lugares, tantas comidas, perfumes, flores, insetos, vida; são tantas coisas, eu quero isso, eu quero tudo, quero esticar meus braços e sentir que estou tocando algo inédito para mim. Por enquanto meu imaginário cria essa utopia, mas um dia, um dia, eu irei desbravar o mundo, velejar, voar, pedalar e caminhar por lugares que nem ao menos eu conseguiria imaginar. É por isso, somente por isso, que meu coração ainda pulsa. Eu sou um aventureiro preso nas correntes de uma vida cômoda e empobrecida, comecei a preparar minhas malas, organizar a minha saída de casa, muito em breve será o momento de despedida da velha vida, estou muito ansioso.

Parte 8 - Não tenho raízes

Árvores e suas raízes firmes que as mantém presas ao chão, são incrivelmente poderosas. Estive pensando sobre isso, sobre a força necessária para tirar as árvores do chão, para derrubar elas, não que essa seja minha intenção, só pensei como forma de atiçar ainda mais minha admiração. Pensando o que tem mais chances de sobreviver a um furacão – um pequeno pé de feijão ou eu? Os ventos fortes com certeza me tirariam do chão, mas o pé de feijão não, pois suas raízes estão presas ao chão. Pensei que sem preparação, somos naturalmente frágeis, nossa natureza é insustentável, desequilibrada, não somos fixos em lugar nenhum, queria meus pés fixados ao chão quando as tempestades furiosas estivessem chegando; mas pensando bem, qualquer vento me levaria para longe. Estar preso ao chão pode ser uma dolorosa prisão, talvez eu goste de viajar com os ventos fortes até virarem brisas.

Parte 9 - Dopado de fantasia

Eu gosto de me apegar as loucuras da minha cabeça, meus vislumbres. Eu tenho algumas boas utopias sobre formas de sobreviver por aqui. Eu desejo carnalmente o mundo, eu poderia consumi-lo facilmente, mas as barreiras dos sonhos me fazem companhia e erguem-se as distopias. Ainda estou estagnado no mesmo lugar corporalmente, mas minha mente já está em outro universo. Não é como se eu fosse explicar isso bem, os surtos psicóticos vêm, são como remédios, quando não estou dopado me sinto mal. Ah, o tédio, bom, ele seria um efeito colateral, é como se eu estivesse viciado em tirar os pés do chão, voar em dragões; quando coloco os pés no chão eles se vão e o tédio vem, minha realidade volta, começo a me sentir ansioso, não sei bem, fico eufórico querendo mais daquele mundo mágico. Queremos menos da realidade, espero que você consiga me entender, se não consegue, tenho pena de você.

Parte 10 - Minhas mentiras inúteis

Ah, dessa vez eu nem sei como começar, não sei nem se deveria escrever sobre isso, penso que talvez ao lerem, saberem que eu escrevi isso, descobrirem que é tudo verdade, eles me deixem. Preciso fazer um desabafo real: - eu sou mentiroso. Pior de tudo: - eu minto por coisas fúteis e me nego a mentir por coisas sérias. Estranho, não é? Sabe, eu sofro consequências por falar a verdade quando não deveria. Minha moral diz de forma gritante "não minta!", mas, as vezes uma coisinha boba, desnecessária, ela deixa passar e eu minto por algo idiota. Eu poderia só ficar calado, só não falar nada, mas tomo a decisão de abrir a boca e mentir. Não são mentiras para me engrandecer, não são mentiras para conseguir algo, são mentiras inúteis, desnecessárias, que não ajudam ou fazem mal a ninguém, além de mim mesmo; digo, fazer mal, bem, elas nunca me fizeram, mas fico me perguntando por que eu não calei minha boca? Eu sou um mentiroso, mas estou em processo de mudança, quero ser o mais sincero possível, mas é um longo percurso e nesse momento espero não estar mentindo para mim mesmo, porque o fato é que nem era necessário eu estar escrevendo isso.

Parte 11 - A paixão

Acho que estou apaixonado. Eu sinto que estou. Sabe quando seu coração dispara ao ler qualquer mensagem da pessoa? Quando anseia desesperadamente ver e tocar qualquer coisa que te conecte a ela? É como se o mundo ficasse intenso, melhor. A paixão é como se você fosse tomado por pura euforia, adrenalina pura a flor da pele, você faria qualquer coisa para ter alguns poucos minutos com ela, a pessoa. Bom, se alguém veio a sua mente agora, acho que isso faz de você um apaixonando também. Não tenha medo, a paixão é boa; avassaladora, sim, mas não tem nada como a paixão, nem mesmo o amor. O amor é puro e essencial, delicado e carinhoso, mas ele ainda é racional, já a paixão... ela é maluca, um puro show de loucuras, você se torna um animal selvagem e faminto por aqueles lábios. Eu quero estar no campo visual daqueles olhos ofuscantes da realidade, quero ser um devoto, qualquer coisa serve, estar apaixonado é estar em estado de insanidade completa.

Parte 12 - O controle do silêncio

Eu tenho medo de perder o controle das coisas, gosto de ter tudo entre minhas mãos, não gosto das coisas escapando. Eu tenho pesadelos em que tudo esvai-se no ar. "Eu deveria ter segurado mais firme", foi o que pensei, mas não funcionou, as coisas que amo são externas a mim, as pessoas que amo são livres para partir, tudo o que tenho sou eu. Eu juro que eu tento não manipular nada. Eu sei as palavras que deveria dizer para tal, mas eu me calo. Eu poderia mentir, fazer um apelo afetivo, mas isso não seria justo, então eu abro mão, eu deixo as coisas escoarem entre meus dedos, e tudo bem. Eu perdi muito, coisas e pessoas, porém ganhei bastante também, mas a necessidade de controle ainda está aqui. Uma medida oculta para minha insegurança, como uma voz, uma voz muda que consegue gritar. Minha resposta a sua súplica é sempre a mesma – silêncio.

Parte 13 - Uma espera sem sentido

Ando pensando em como você está. Já faz um tempo que não manda mensagens – quais serão as mudanças que ocorreram em você? Queria ter ido até aí, mas meu orgulho me impede. As últimas três mensagens foram minhas, então eu não deveria insistir em você, certo? É melhor você voltar logo, estou com saudade de devanear em você. O que vou fazer? O que vou fazer sem você por aqui? Minha cabeça até pensa em algumas coisas, mas logo ela volta a imaginar e vislumbrar nossas conversas, algumas fotos tuas, e minha galeria está cheia delas. Apagar todas daria um trabalhão, sabe que sou preguiçoso. Meu celular foi programado para vibrar e a cada vibrada uma esperança, mas você parece que não tá afim de responder, acho que só tenho uma coisa a fazer... quer saber? Acho que vou esquecer você!

Parte 14 – Entre o sonho e a realidade maliciosa

Sabe, eu não sou um cara legal, minha cabeça cria coisas imorais. Eu vou contar para você como seu corpo é esculpido por ela durante a noite. Eu acho que deveria começar me desculpando, não é como se eu tivesse controle disso, mas eu desejo você! Quando meus pensamentos cessam, você brota como uma flor bem no centro do meu psicológico. Eu sei que é errado, eu tento esquecer, faço o que posso, mas é inevitável. Meu quarto é o mesmo, não tem muita novidade aqui dentro, estou deitado na cama e você em pé em frente a ela. Tem uma música no quarto, com o toque entre pausas, e você segue esse ritmo. Tira as alças do vestido enquanto me olha sorrindo. Eu fico vidrado, seu sorriso é lindo, seu corpo, as curvas dele, seu rosto, lembro-me de cada detalhe, principalmente do seu olhar malicioso enquanto tirava a última peça íntima. Eu sei que pequei, não estou orgulhoso, mas amamos loucamente, fomos ferozes, era como se uivássemos como os lobos. Mesmo que eu tentasse não pensar, meu desejo era continuar mais um pouco...

Parte 15 - O momento desplanejado

Como vai seu dia hoje? Tem pensado nisso ultimamente? Quanto do seu dia passou procrastinando por alguns dias mal planejados? Sei lá, eu tive alguns dias meio bizarros, mas não me dou bem com planejamento, eles bugam meus pensamentos. Meu dia foi estranhamente legal. Tenho pensado que se fosse planejado eu seria como um robô fazendo atividades ordenadas por mim mesmo, só que meu eu passado, então, eu estaria vivendo o presente ou estaria vivendo o futuro que meu eu passado queria que eu vivesse? Estranho, não é? Ainda assim, planejamos nossa vida inteira. Mudanças ocorrem incessantemente no percurso, pelo menos para a maioria pessoas. Nos culpamos por isso, pela nossa inconstância, mas em essência somos isso, mudança, não é? Por que deveríamos escolher e decidir toda a nossa vida? Pensar e chegar a uma conclusão? E se não escolhêssemos caminho nenhum? E se nosso caminho se fizesse no caminhar? Se o próximo passo for mistério? Mas a maioria das pessoas não são aventureiras, suas inseguranças e temores as prenderam em uma rotina. Eu gosto de ter controle sobre as coisas, mas estou tentando perder um pouco disso, viver mais o agora, sentir mais o momento presente, tô tentando de verdade.

Parte 16 - Vamos fazer nada?

Tem vezes que duvido que realmente gostem de mim. Parece que estão aqui por comodismo. Sabe, é conveniente naquele momento. Eles estão com algum problema, talvez seja tédio, e então vem me procurar, assim, com a mesma finalidade que se busca uma série, filme, livro ou algo do tipo, necessário para passar o tempo. Não sei se é apenas carência minha. Não é como se eu estivesse desesperado, mas não recebi convite algum para caminhar, devanear, conversar sobre coisas inúteis, falar sobre algo que não envolva alguma problemática psicológica; sobre entender algo, solucionar um problema, porque é sempre sobre isso, sobre como se sente ou como deveria se sentir. Qual foi a última vez que recebeu um convite para não falar sobre algo, mas literalmente sentir? Sair e olhar algum lugar, sei lá... eu ainda espero convites assim, alguém que me faça se sentir útil por compartilhar inutilidades. Eu posso estar pedindo demais da vida. Encontrar uma pessoa disposta a dedicar tempo a outra coisa que não seja ela mesma é raro, encontrar alguém disposto a encontrar a profundidade do nada; aí soa mais absurdo ainda. Fico a pensar que encontramos as pessoas certas com a arte de não fazer nada. O que faríamos em silêncio? Sentados em algum lugar, que segredos nossos olhos diriam? Eu não sei, mas fico curioso com isso. Você se tornaria tédio ou uma explosão de algo semelhante ao amor. Será que riríamos? Eu não sei o que nosso momento silencioso geraria, mas tenho um leve desejo de que seja poesia. Como disse no começo, preciso do convite para fazer nada antes.

Parte 17 - Um bardo e as guerras atuais.

Eu poderia ter nascido em um período em que a humanidade estava menos caótica, onde poderia ser descrita em uma música ou poema de uma forma atraente, talvez durante a primeira guerra mundial. Eu seria um soldado da infantaria, primeira linha; será? Faço mais o estilo estrategista, pelo menos eu acho, na real ficaria na linha de trás, não sei como se chama a linha de trás, retaguarda? Deve ser isso mesmo. Eu gosto de cavalos. Cavalos são criaturas fantásticas. Eu poderia fazer parte da cavalaria, mas não sei se suportaria ver a morte de tantos belos animais. Estou falando dos cavalos mesmo, só por desencargo... qual lado eu defenderia? Por quem eu lutaria? Acho que isso não importa muito. Para determinar por quem eu lutaria, provavelmente deveria definir onde eu gostaria de morar, já que teria que servir ao meu país, alienado pelas campanhas de guerra e a honra do campo de batalha. Será que eu morreria? Se eu estivesse na linha de frente é bem provável. Meu porte físico não é dos melhores, pois é, acho que morreria no primeiro dia de batalha. Bom, ainda bem que nasci em 1999. Esse assunto é ainda bem pertinente a esse momento. O futuro é meio tendencioso no assunto guerra, mas hoje eles podem usar bombas nucleares, a guerra é menos poética. Como seria tedioso para um bardo ou Aedo cantar sobre como um homem apertou o botão que autorizou a destruição de algum continente, né? Seria simples e direto, assim.

Parte 18 - A insanidade animal

Já se sentiu insano? Se você se sentiu, sabe que a sensação é absurdamente avassaladora. Você acaba perdendo completamente o controle e não consegue organizar um único raciocínio. Você enlouquece e são externadas emoções eufóricas. A insanidade é companheira do amor. Antes do amor tem uma fase que chamamos de paixão. Paixão é pura insanidade, apesar de que a podemos enxergar de uma forma positiva, pelo menos quando ela é recíproca, mas quando não é, a insanidade toma forma negativa. Quando uma paixão ou amor acaba, entramos novamente em insanidade, desejamos até mesmo a nossa morte, alguns "seres humanos" desejam até mesmo a morte do outro. Você não sabe como é o descontrole até entrar em estado de insanidade, principalmente quando encontra-se em uma situação de sobrevivência, uma briga ou coisa semelhante. Sua mente te cega e você só consegue pensar em uma coisa, que é o último estímulo que ela te deu. Espero que não tenha sido "morra!". Todos nós temos essa natureza selvagem dentro de nós. Foi ela que nos permitiu viver no mundo primitivo. Ela dá a sensação de super poder, força sobre-humana, coragem absurda, é um literal "foda-se, eu sou Deus!". Então, sua insanidade pode estar dormindo agora, mas ela ainda está aí, cuidado com o animal dormindo na sua mente. Não se assuste, a insanidade pode ser boa. Ela está contida na liberdade também, alguém ligado a obrigações, credos, crenças e principalmente moral, dificilmente libera sua insanidade, mas alguém livre disso, transaria ao ar livre, pularia de algum lugar proibido para uso de paraquedas, se declararia para o amor impossível da sua vida, mandaria o chefe chato à merda. Na verdade, mandaria tudo que odeia à merda, enfim, ato de insanidade.

Parte 19 - Minha amiga

Eu tenho uma amiga que chora por coisas bobas, ela surta. Eu queria dizer para ela que está tudo bem, deveríamos surtar mesmo porque nada faz sentido, seu desespero é justificável, o mundo tá de cabeça pra baixo. Eu só queria estar em um balanço, ouvindo alguma música enquanto o clima está nublado, mas eu não posso, aqui perto da minha casa não tem balanços. Eu sou o amigo que tem que fazer as coisas melhores. Esqueço meu balanço e pergunto por que chorar por coisas fúteis, e não rir delas? Por que coisas bobas como um comentário ruim se tornam uma tristeza monstruosa e lhe despedaça, mas um bobo e discreto elogio não eleva sua autoestima as alturas? Por que as emoções humanas tem que ser tão malucas? Ficamos nervosos com o que sentimentos. O nosso cérebro não é um bom camarada. Ele deveria liberar um pouco de endorfina, se inundar de dopamina, mas não, ele insiste na sua ausência. Depois de uma longa conversa nem percebemos que estávamos sorrindo e lá está o cérebro liberando dopamina e complicando as coisas. Deveríamos ser mais racionais, mas agora é tarde e tanto faz, depois disso ficará difícil sermos só amigos e nada mais...

Parte 20 - A poética visão pragmática.

Estou andando em uma rua deserta. As luzes que vejo são as dos postes, eles iluminam a maior parte, porém entre um poste e outro há uma escuridão, a sombra da noite. Caminhando a noite não tenho companhia além da famosa e romantizada lua, um pedregulho enorme no espaço, que inspira histórias a milhares de anos. Uma rocha enorme que de longe parece mais uma bola de gude. Para essa foram declaradas diversas belas palavras de amor. Sobre ela muitas pessoas fizeram amor. Quantos romances ela incentivou? Quantas vezes foi usada em discursos de amor? Uma pedra, só isso, nada mais que uma pedra em tamanho maior flutuando na órbita terrestre. A Lua é necessária para manter a vida na Terra, sabia? Sim, dependemos daquela rocha enorme. Ouvi isso em algum lugar, melhor você pesquisar, não quero dar uma definição pouco científica, mas está ligado ao controle das marés e ao eixo rotacional da gravitação, que implica nas estações do ano. Isso quer dizer que há mais do que os poetas e apaixonados dizem: a importância fundamental dela é prática. Por vezes esquecemos de analisar a beleza poética das coisas e só olhamos o pragmático, mas ocorre também o oposto. O efeito prático é deixado de lado pela associação poética. Enfim, em suma, só queria dizer que essa reflexão é desnecessariamente desprovida de beleza poética ou filosófica, mas talvez sirva para algo, eu acho.

Parte 21 - Sonhei com uma garota.

Tenho sonhado com uma garota que eu nunca vi, mas ela me parece tão familiar que eu simplesmente não sei. Não sei o que está acontecendo, são sonhos sequenciais, com começo, meio e quase nunca tem um fim. Há sempre alguma interpretação em aberto. A primeira vez que a beijei foi insanamente real, eu acordei, queria que aquele mundo no qual acordei fosse na verdade o mundo dos sonhos e que eu acordasse logo dele, desejei que aquele beijo fosse real. Durante os sonhos nunca vi seu rosto por diversos motivos. Por vezes era culpa dos ângulos, noutras o cabelo tapava, num dos sonhos ela usava máscara. Bom, tivemos mais alguns encontros não tão amorosos, eram sequências de enigmas que eu nunca solucionei, então, um dia os sonhos pararam. Nunca mais a vi, mas alguma coisa me diz que ainda estou apaixonado, não sei ao certo, mas com certeza queria que ela existisse de verdade.

Parte 22 - Por trás das cortinas.

As vezes eu queria ser mais bobo. Sim, isso é estranho, porém tenho uma sensação horrível sobre a minha percepção dos outros, as minhas reflexões quase sempre corretas ao reconhecer uma mentira alheia, eu deveria acreditar mais nas mentiras dos outros. Então eu me permito fingir de idiota. Deveria ser honesto e sincero, mas eu não sou, talvez seja um esforço desesperado para acreditar naquelas mentiras, eles querem me confortar com suas artimanhas e eu os engano, fazendo-os pensar que as aceitei. Eles sempre mentem de uma forma gloriosa, amenizando com um eufemismo clichê. Poderiam só falar a verdade, mas não. Isso soa engraçado, na verdade escrevi sobre meu eu mentiroso anteriormente, agora, parece que todos temos um e eu me culpei tanto à toa. Tudo me leva a ter fé de que existem momentos em que a ignorância é uma benção. Louvados sejam os inocentes e bobos, aqueles que acreditam em tudo cegamente, os sem malícia, os pouco reflexivos, os manipulados, esses têm sorte, pois ficam felizes com as mentiras contadas. Não é como se eu fosse uma pessoa muito inteligente, um gênio da psicanálise, leitor das mentes humanas e suas expressões, mas eu sei quando as pessoas próximas estão mentindo, sei quando atuam e infelizmente sempre acabo entrando na peça delas, fazendo o personagem que aceita tudo aquilo como a coisa correta, mas tendo ciência plena da camuflagem que existe para esconder a verdade. Deveria

eu criar uma peça também? Acho que sim...

Parte 23 - Soldado da guerra.

Me diga algo ruim sobre mim que eu já não tenha falado a mim mesmo - duvido que consiga! Eu já fui muitas vezes meu próprio carrasco, já dei a sentença de culpado tantas e tantas vezes. Eu acho que tenho fetiche com a tristeza, amo a beleza poética das amargas lágrimas, desejo-as. Sinto que a felicidade completa é algo ao qual eu não me acostumaria, por esse motivo tô sempre quebrando alguma parte de mim, sempre torturando, atacando, esmurrando, sangrando... estou acostumado a estar assim e quando não estou parcialmente mal, sinto que não sou eu, então busco uma forma de fazer sangrar. Quando tudo parece estar indo bem demais, começo a desejar que algo de errado ocorra. Eu me preparo para o monstro que virá, eu espero e se ele não vem, bom, eu preciso criar um. Acho que responderia SIM se me perguntassem se eu queria ser feliz para sempre, as coisas seriam mais fáceis. Mas os meus sentidos e instintos dizem que isso é uma mentira, dizem que preciso de algo para me debater, que preciso lutar contra alguma coisa, preciso do desejo de superar algo. Passei por muitas guerras e lutas, passei por elas porque me transformei em um soldado e agora como um soldado não consigo me livrar da guerra, então estou sempre procurando mais uma batalha, contra a tristeza, decepção, depressão e tantas outras coisas, assim consigo pelo menos me sentir um pouco vivo.

Parte 24 – Todos somos ondas.

Você é como um mundo misterioso, cheio de coisas novas. Eu estava sempre me preparando para novas aventuras e histórias fantásticas. Falamos sobre tudo, sobre o que existia no mundo, sobre o que não existia nele, sobre o que já existiu e o que poderia existir, falamos sobre você, falamos sobre mim. Eu lembro que te contei sobre a coisa mais complexa e confusa da minha cabeça, conversamos sobre aquilo durante uma noite inteira e as peças do quebra-cabeça pareciam fazer sentido quando eu o montava com você. Me recordo que falamos sobre as coisas simples e fúteis do universo, aquilo que passa despercebido por nós e chegamos à conclusão que eram tantas coisas, fiquei tão reflexivo depois disso... percebi que estava perdendo paisagens, cheiros, sons, toques, sensações, emoções e finalmente me dei conta de que não estava vivendo. Fui tomado por arrependimento, mas você disse: - somos como ondas, que quebram e nascem novamente. Então quebrei quem era junto com o arrependimento, quando novamente o vento soprou, formei-me como uma onda maior, mais complexa. Agora eu sou uma onda mais alta, mais definida, com muito mais propósito, imensamente mais forte e eu sei que uma hora vou quebrar. Tudo bem. É, tudo bem, não tenho mais medo de quebrar, não me importo de me estilhaçar nas pedras. Outrora, quando as coisas mudavam, ficava ansioso com as consequências, me perguntava muito sobre como seria, o que eu perderia e principalmente porque tudo mudou, mas eu nunca soube. Então compreendi – não somos só nós, tudo é como as ondas, ondas que quebram e se formam novamente, fechando ciclos e abrindo novos. Passei a aceitar isso e observar a beleza que isso tinha. Então, por fim, posso dizer: - quando uma onda se quebra e outra se forma, isso é nada mais que a prova viva da fluida transformação da vida, SER ONDA É SER MUDANÇA!

Parte 25 - Sou um escritor agora.

Ah, já faz um tempo que estou escrevendo a noite e nunca imaginei que iria escrever tanto. Compensei minha vida inteira de procrastinação poética em um ano. Sabe, eu odiava escrever. Sim, eu odiava mesmo, juro que essa é a verdade. Hoje tenho um conto e um livro de poesias publicados, que bizarro! Como fui me tornar um escritor? Nesse momento, escrevo mais uma parte do que se tornará meu próximo livro. Nunca pensei que teria isso como um caminho a se seguir, nunca fui muito bom com as regras linguísticas, embora minha imaginação sempre tenha sido impressionantemente criativa. Desde a minha infância sempre fiz o imaginário ganhar vida. Na minha cabeça as coisas sempre fluíram assim, isso com certeza salvou minha vida e está salvando novamente. Quando eu escrevo sinto que estou viajando no mundo que estou criando. Eu vejo todas as coisas acontecendo nele e parece que eu não estou exatamente criando nada, sendo honesto, parece que só estou descrevendo o que já existe, como se tudo sempre estivesse lá, me esperando para explorar em algum lugar da minha cabeça. Talvez, se eu escolhesse ser outra coisa no lugar de escritor, nunca teria notado e criado nada disso, meus mundos mágicos. Ainda bem que me tornei escritor, meu ato mais libertador foi este. Fico a me perguntar quais as próximas coisas que eu vou vislumbrar no meu mundo mágico. Será que vou conseguir externar tudo contido nele com perfeição e será que as pessoas gostarão? Eu espero que sim, porque o que eu escrevo não chega nem perto da beleza que imagino e vejo em minha cabeça.

Parte 26 - Meu paraíso

Eu teorizei como poderia ser o paraíso. Meu paraíso, como eu o faria? Como seria o meu divino? Quais coisas eu desejaria? Grama verde e um campo vasto para correr, árvores gigantes, árvores para serem escaladas, uma floresta que arranhe o céu, lagos, lagos enormes e colinas, montanhas, flores e pássaros. Gosto de cavalos também, poderia ter cavalos selvagens e livres, mas queria que eles fossem meus amigos e vez ou outra me dessem permissão de montar neles. Queria uma música de fundo, que em momentos cuja adrenalina fosse maior o som aumentasse, em momentos suaves ela acompanhasse, como se o ritmo fosse ditado pelas minhas emoções, assim como a melodia. Queria frutas frescas, tiradas do pé. Água limpa e potável direto da fonte, assim não precisaria caçar, apenas apreciar a vida. Queria dançar entre a natureza, queria meus pés descalços entre a terra e a grama em um chão sem espinhos e pedras afiadas, pois não queria parar minha dança no auge do momento devido a um corte no pé. Então, esse seria meu paraíso. Em último desejo, queria que estivessem comigo alguns amigos, mas seria muito egoísmo, porque talvez sejam diferentes os paraísos dos meus amigos e eu não tenho o direito de roubar seus sorrisos, afinal, que tipo de amigo faz isso? Enfim, bem-vindo ao meu paraíso.

Parte 27 - Criador de trilhas

Todas as pessoas gostam de caminhar em trilhas, elas amam a segurança de aparentemente estar seguindo algo, porque a trilha lhe dá uma segurança de que existe algo certo, como se aquele percurso levasse a algum lugar e a maioria das pessoas acreditam fielmente que o lugar que está para chegar é a felicidade. O mundo é problemático, trilhas surgem porque alguém resolveu passar por aquele lugar e outras pessoas a seguiram, assim, criamos as trilhas, trilhas da vida. Vou deixar mais claro para você com uma trilha bem conhecida: caminhar pela escola, atravessar a faculdade até chegar ao trabalho (e nada de preguiça no meio do caminho). As pessoas estão acostumadas a seguir as trilhas, são incentivadas a isso, por isso tem milhares de pessoas fazendo a mesma coisa. Trilhas como a que acabei de falar são tão usadas que viraram estradas e nelas passam motos, carros, veículos luxuosos, tudo na mesma estrada, enquanto alguns caminham com suas próprias pernas. Alguns se cansam no caminho, mas aqueles usando veículos, esses nunca se cansam. Falam sobre meritocracia, dizem que os que se cansaram e desistiram de andar fracassaram, eles riem, e como riem, fazem isso há séculos, e você os admira, deseja ser como eles. Tanto faz se você quer seguir a trilha de alguém ou até mesmo a estrada, não me importo, só precisa saber uma coisa: "trilhas surgem porque alguém resolveu passar por aquele lugar". Essa pessoa é um aventureiro, ela fez sua própria trilha, **para um aventureiro, seu caminho se faz ao caminhar.** Ah, eu quero caminhar por lugares que ninguém nunca caminhou. Eu suporto os gritos daqueles que andam nas trilhas/estradas dizendo que irei me perder e fracassar por onde estou indo, tudo porque são medrosos demais para tentar entrar na selva fechada também. No fundo temem que eu consiga, porque assim, no final, eles não terão desculpa para seu próprio fracasso, mas eu não temo mal algum, porque decidi ser um aventureiro!

Parte 28 - Auto conselho sobre escolhas

A vida não é complicada não, nós que complicamos ela. Fazemos isso porque precisamos fazer escolhas, então a gente faz, e quando erramos, culpamos a vida, mas quem é a vida? Me diz, quem é a vida que tanto recebe a culpa? Fazemos qualquer coisa para afastar a culpa. Penso que se não escolhemos fazer as escolhas, então, não estamos escolhendo viver, afinal, viver é estar constantemente fazendo escolhas, então me diga, em que momento tu não faz escolhas? Algumas são involuntárias, mas ainda assim são suas! Pense, você respira de forma involuntária, porém, consegue impedir sua própria respiração caso tenha esse desejo. As escolhas são suas, assuma a responsabilidade! É, eu sei, existe a culpa, a culpa é a companheira das escolhas erradas, que por vezes tomamos e elas tomam a gente.

As escolhas são formadoras da nossa estrutura, principalmente as escolhas erradas, elas moldam nossa moral. O ser humano se torna mais forte com a dor, um grande exemplo disso é a musculação, quanto mais dor seu corpo suportar mais forte e bem definido você tende a ficar, assim pode se assumir que quanto mais suportar a dor das suas escolhas, mais forte e bem definido será seu psicológico. Lembre-se sempre, você é suas escolhas, porém, somente as escolhas do presente, assim como um dia será as suas escolhas do futuro! Sobre as más escolhas do passado, bom, não sei o que dizer, pois essas ainda não superei totalmente, mas aprendi a não as deixar me consumir, dê seu jeito de fazer isso.

Parte 29 - Meus mundos

Ocorrem alguns momentos, alguns momentos miraculosos, como se a minha existência fosse pura beleza, como se estivesse pleno igual ao bater de asas de uma borboleta. Essa sensação, esse sentimento, fazem ideias transbordarem da minha mente. Queria que eu não precisasse desacelerar minha mente para escrever, queria que as palavras por si só se escrevessem e descrevessem o que passa, eu poderia, poderia mesmo, só imaginar e viajar em devaneio, mas tem um mundo inteiro aqui, seria muito egoísmo não dividir com vocês, então preciso anotar devagar, para não escapar nenhum detalhe fundamental, porque só os detalhes fundamentais importam. Eu costumo descrever só o essencial para a alma dos meus leitores, não é por preguiça, nem egoísmo, faltam palavras, palavras para descrever todas as coisas que meus olhos vêem quando se fecham em uma criação minha. Tem poesias, contos e histórias que descrevem muito bem tudo que imaginei a minha volta, mas sabe, aquilo ali é o resumo da história, 10% do mundo imaginário... não, não, nada disso, acho que 1% do mundo ou talvez menos ainda que isso. Sobre os sentimentos descrevidos, eu sinto todos eles, eu sinto em mim, senti Átila se transformando em guila enquanto corria pelo reino, seus cortes pelas floresta até chegar em casa, senti o amor pela garota das árvores, senti a curiosidade do menino pela sabiá, eu vi o mundo deles, reinos, castelos, casas, ruas, trilhas, florestas, árvores, rios, animais, lutas, eu travei espadas, cada sentimento que em poemas coloquei... eu senti tudo.

Parte 30 - Universo e a justiça

Será que temos o que merecemos? Todos nós, humanos, será que temos o que merecemos? Não parece que a vida é justa nesse aspecto, não parece que há justiça no universo. Maldições pegam as pessoas boas, elas consumem-nas e contaminam suas almas. Vejo pessoas boas serem atormentadas por aflições, se debatendo em questões, com uma vida sendo quebrada, despedaçada, sem saída, desesperados, perguntam-se, o que fizeram de errado? Os crentes acreditam que é um plano divino, os descrentes acreditam ser obra do destino. Destino, um que eles aguardaram sabendo que não estaria sorrindo, pobre menino, afundado em um monte de merda, jogado em um limbo, sem fundo. As pessoas com as piores intenções, aquelas maquiavélicas, parecem ser sempre mais libertas, algumas até são punidas, mas não como deveriam. Vejo pessoas ruins sorrirem, se dando bem no fim, isso tudo é uma merda para mim. Por que o mundo tem que ser assim? Não estou dividindo de forma dicotômica o bem e o mal, nem me atreveria a isto. Sigo o Taoísmo e a lição do yin yang contido em todos nós. Só acho que Deus – se ele nos observa –, mãe natureza, enfim, qualquer força do universo, poderia ser mais justo(a)? Tem gente boa precisando de ajuda... mesmo que não seja punitiva com os malignos, ame mais os benignos, para que sejam melhores plenamente. Talvez assim possamos criar uma onda sem fim de coisas boas... na verdade, acho que eu só deveria deixar de ser tão utópico esperando uma ajuda que não vem.

Parte 31 - Lobos dançarinos da Lua

Eu me lembro que caminhei até o parque naquela noite, caminhei até a maior árvore daquele lugar, lá estava você com um longo vestido branco, esperando-me para dançar, embaixo daquela árvore. Foi sua vez de caminhar e você caminhou até mim, você me olhou com os olhos de uma loba que estava prestes a caçar, abaixo daquela lua alaranjada, grande lua, brilhante, como se o sol aparecesse à meia noite. Então você começou sua caça, seus movimentos suaves, seus braços fluidos como água, seus pés sincronizados, descalços, pareciam estar conectados a grama baixa. Seu balé era perfeito. Sua sombra dançava do mesmo jeito, ela parecia a manifestação da lua, que de admiração olhando lá de cima tentava imitar suas coreografias, manifestou uma sombra forte... emoções eram liberadas em cada movimento seu, logo entrei em rítmica. Eu não sabia a coreografia nem parecia que tínhamos alguma, dançamos... sobre a grama, perto a grande árvore, com uma grande lua nos iluminando. Estávamos em plena sincronia explodindo emoções. Seu vestido tinha a longa barra toda suja pelo chão, você era a deusa da lua e por um segundo tudo parou... você olhou para a lua e uivou... como uma loba, você uivou... eu tinha acabado de me apaixonar e meu amor me fez uivar... uivei.

Parte 32 - O bater de asas

Eu disse a mim mesmo que não queria me envolver com nenhuma pessoa, era melhor ficar sozinho, faria mais sentido, descomplica todas as coisas que me propus a conseguir, porque é mais fácil arcar com tudo quando só precisa pensar em si mesmo. Estava a pensar sobre a necessidade de ter alguém, os fatores positivos e negativos, e me deparei com diversas problemáticas, tinham explicação demais, poderia abordar a necessidade biológica, sociológica, filosófica e financeira. Sim, parece que é mais fácil continuar a vida sozinho, me programar, me aventurar, mas tudo isso parece uma desculpa para não me machucar. Sinto que faço um esforço imenso para não amar, acho que tenho medo de me apaixonar, me apegar e depois ver a pessoa indo embora, então resolvi assumir a postura independente e autossuficiente, e não é que eu não seja, eu sou, mas poderia ser mesmo estando com alguém, compreende? Estar com alguém e amar, isso não deveria assombrar ninguém, a pessoa não deveria ser a gaiola onde você vai ficar, ela deveria ser a chave que abre gaiolas para você voar... Então, depois de escrever isso, não vou poder usar essa desculpa, espero não criar outra no lugar, afinal, quero bater asas e essa é a verdade.

www.ingramcontent.com/pod-product-compliance
Lightning Source LLC
Chambersburg PA
CBHW071114220526
45467CB00004B/1873